Angelo Rizzi

لمحة الحدأة

**Il profilo del nibbio**

© 2018, Angelo Rizzi

Éditeur : BoD-Books on Demand
12/14 rond point des Champs Élysées, 75008 Paris, France
Impression : Books on Demand, Norderstedt, Allemagne
ISBN: 9782322119479
Dépôt légal : avril 2018

### الاحتفاء بالكوني

كثيرا ما أمد يدي إلى مجموعات آنجلو ريتزي، وبخاصة مجموعته الشعرية (محيط الكلمات). استمتع وأتأمل في أسلوب شاعر وفكره. شاعر كشف نفسه رغم أنه أراد أن يكشف لنا عقله، وقدم لنا الإنسان رغم أنه أراد أن يقدم لنا الحياة. نتخيله إنسانا يحدثنا ونحدثه، وفي شعره لهجة حميمة هي البساط السحري الممدود بيننا وبينه، وبساط عميقة هي البساط الممدود بين شعره والآخر .

إن الكتابة عن شعره تحتاج لأكثر من مجداف وأكثر من رؤية، وتحتاج لكثير من المفاتيح التي تساعد القارئ في الغوص وكشف أعماق القصيدة دون خلل في بنائيتها المتكاملة أو مسٍّ لحساسيّتها المرهفة والتي تلعب دورا عظيما في التواصل مع الآخرين. يكون الأمر صعبا عندما تتناول تجربة مبدع بعيد عنك، وربما يكون هذا البعد الجغرافيّ والمعرفيّ لصالح العمل، فتتعامل معه بتجرُّد وموضوعية، هذا يدفعك للبحث عن وسائل أخرى تغنيك عن التقرب منه، فلا تجد سوى إبداعه وقصائده، فهي الأقرب وفي داخلها مفاتيح عالمه الشعري.

## Celebrando il cosmo

Tendo spesso la mano verso le sillogi di Angelo Rizzi soprattutto la sua raccolta di poesie *Oceano di parole*, dove apprezzo, contemplo, lo stile e il suo pensiero. Il poeta si è rivelato sebbene volesse rivelarci il suo spirito, ha presentato l'uomo sebbene volesse presentarci la vita. Fa immaginare un uomo che dialoga con noi, il tono intimo della sua poesia è come un tappeto magico che si estende tra noi e lui, un tappeto lungo che si srotola pian piano tra un poema e l'altro.

Commentare la sua poesia necessita più di un idioma e più di una visione, occorrono molte chiavi per immergersi nelle profondità di questa poesia perfetta ed emozionante. Per me è difficile parlarne, si tratta di un'esperienza creativa lontana da me, anche se questa lontananza geografica e culturale va ad accrescere il valore del giudizio sul suo lavoro, mi fa essere più imparziale e oggettivo, mi fa scoprire nuove chiavi di lettura partendo dall'elemento che ci accomuna, la creatività poetica.

في ديوانه الجديد **"لمحة الحدأة"** لا تبحث الكلمات عن كيميائها ، لا تسجل صيغتها. انها تقول ببساطة ، في نفس واحد، تبحث عن جرس النبع، نبع الذكرى ، نبع المسافات والأساطير والحضارات. ها نحن خاضعون كما نخضع للسحر الى هذا الجرس الذي يثير فينا الدهشة والتجلي ، فنذوب في صوت الشاعر الساكن ، الهامس، صوت من يتلو المزامير...

ان شعر آنجلو ، التلقائي ، البسيط، الشديد التركيز ولكن بدون إدعاء، يوجه ضربة قاتلة للتنافج البلاغي، كل التأكيد كان على الكلمة ذاتها، كل كلمة ، صوتها، معناها، رنينها، والمساحة التي يمكن أن تملأها.

خضر سلفيج

Nel suo nuovo libro *Il profilo del Nibbio* le parole non cercano la chimica, non recitano la formula, semplicemente dicono un'ispirazione, dicono della ricerca della sorgente, la sorgente del ricordo, la sorgente delle distanze, delle leggende, e delle civiltà. Lì, siamo soggiogati, sottomessi alla magia del suono che ci sorprende, ci trasforma, dove ci fondiamo nella voce del poeta che sussurra, come la voce di colui che recita i salmi.

Le poesie di Angelo sono spontanee, semplici, nitide, fortemente dense, ma senza presunzione danno un colpo fatale alla retorica, tutta l'enfasi è nella stessa parola, ogni parola è la sua voce, il suo senso, il suo ronzio, e lo spazio che può riempire.

Kheder Salfij

آنجلو ريتزي مؤلف متعدد اللغات. حصل على شهادة الدراسة العلوية بالأدب العربي في جامعة بوردو في فرنسا. ينظم أشعاره بالعربية والأسبانية والإيطالية. وقد نشر بالفعل 11 مجموعة من القصائد بلغات مختلفة. في عام 2006 تمت دعوته إلى مؤتمر اليونسكو حول موضوع "الحوار بين الأمم".
وقد نشرت بعض من قصائده في المجلات والمختارات الجماعية في ايطاليا وسويسرا واسبانيا والولايات المتحدة والكويت والبرازيل وفنزويلا و الأرجنتين ورومانيا وهونغ كونغ والهند.

Angelo Rizzi è un autore multilingue, laureato in Lingua Cultura e Letteratura Araba all'università M. de Montaigne di Bordeaux in Francia. Compone i suoi poemi in arabo, spagnolo e italiano. Ha pubblicato 11 raccolte di poesie in lingue diverse. Nel 2006 è stato invitato ad un Congresso all'UNESCO sul tema: Dialogo tra le Nazioni". Alcuni suoi poemi sono apparsi su riviste e antologie collettive in Italia, Svizzera, Spagna, Stati Uniti, Kuwait, Brasile, Venzuela, Argentina, Romania, Hong Kong e India.

لمحة الحدأة

# Il profilo del nibbio

## أفقد نفسي

أفقد نفسي وأُعجب ذلك
بين إبر الصنوبر
في لعبة الياسمين
في عطر الوردة
بلا أشواك
وفي ممرات قصر مهرجا.

لست سائحاً بل أنا مسافر
في خريطة زنائق كاراكاس
في ألوان قزحية
من قوس الإسحاب
في ابتسامة طفلة
بين خرير الهرّ
وكلمات ما قلتها بعدُ.

لست سائحاً بل أنا جوّال
بين أوراق النبيذ
في جسد إمرة
لا ترتدي شيئاً
بين خطوط كَفّ اليَد
وفي قراءة أوكتافيو باز.

**Mi perdo**

Mi perdo e questo mi piace
tra gli aghi di pino
nel gioco del gelsomino
nel profumo della rosa
senza spine
nei corridoi del palazzo
di un maharaja.

Non sono turista ma viaggiatore
nella mappa delle vie di Caracas
nei colori dell'iride
dell'arcobaleno
nel sorriso di una bimba
tra le fusa del gatto
e le parole non dette.

Non sono turista ma vagabondo
tra le foglie di vino
in un corpo di donna
vestita di niente
tra le linee del palmo della mano
nella lettura di Octavio Paz.

أفقد نفسي بغاية الفرح
في كرنفال ريو دي جانيرو
في أبجدية أجنبية
بينما أصعدُ برج بابل
في شفافية الجَمَسْت
وفي رائحة الخشائش المقطوعة
وأعجب ذلك.

Mi perdo con sommo piacere
nel carnevale di Rio
in un alfabeto straniero
mentre salgo la torre di Babel
in trasparenza con l'ametista
nell'odore dell'erba tagliata
e questo mi piace.

## الابتسامة

أفتح رسالة
تحت المصباح الأزرق
في الغرفة
وأكتشف أن وردة
كتبت إليَّ
فأجيب إليها
بذكرى جدتي قصيرة القامة
التي قد ماتت في يوم اثنين
بابتسامة المسك والنعناع
المطرزين على وجهها.

**Il sorriso**

Apro una lettera
sotto la luce blu
nella stanza
e scopro che mi ha scritto
una rosa.
Le rispondo con il ricordo
della mia piccola nonna
già morta di lunedì
con un sorriso di muschio e menta
ricamati sul viso.

## مناظر من الصين

رنين النواقيس
ينتشر في هواء المساء
زوارق بطيئة تنزل إلى النهر
بين جبال وهمية، مناظر وهمية
مناظر الصين..
خرير الماء إِثْرَ المِجذاف
ثم عبر الضباب
ينزلق صَدَى
صوتِ
الصنج.

**Paesaggi di Cina**

Un tintinnio di campanelli
si disperde nell'aria serale
lente barche scendono il fiume
tra montagne irreali, paesaggi irreali
paesaggi... di Cina.
Fruscio dei remi sull'acqua
poi tra la nebbia
scivola l'eco
del suono
di un
gong.

## ليلة

فوق، هناك في الظلمة
يصطدم غياب الأصوات فقط
بالنجوم والكواكب
بينما تطير طيور ليلية
داخل دائرة البدر
واللحظة
يقف للنظر.

**Notte**

Lassù, nel buio
solo l'assenza di voci
si urta a stelle e pianeti
mentre volano augelli notturni
dentro il cerchio della luna
e l'istante
si ferma a guardare.

**البستاني**

أ تسمعين كيف يغني ذلك القُرْقُف ؟
و كيف تغني نَسَمة الريح تلك
تلك النفس التي تأتي من الشرق ؟
يُدرك البستاني بكاء الزهور الذابلة
قد انتهت رسالتها
يشذُبها ولكن تبقى في يده
مقطتفات قصيدة، ورد
ورد أحمر، أرجواني، قشدي، وردي قرمزي
.. جوقة ألوان.. استعارة الربيع والحياة
في هذا الفضاء الحر
أشجار عتيقة، تماثيل نباتية
ترتدي ثوباً بأوراق جديدة
وتمر شظية نور فِضّية عبر غصونها
بينما ينتشر حول الزهرة أريج عطرها
وتقف الدُّعْسُوقة الثملة الحَيْرَانة
إزاء شعر الوردة.

## Il giardiniere

Ascolti il canto della cinciallegra?
e il canto di quell'alito di vento
soffio che viene da Oriente?
Il giardiniere
coglie il lamento dei fiori appassiti
terminata è la loro missione
li pota, ma restano nelle sue mani
stralci di poesia, rose
rose rosse, porpora, crema, rosa vermiglie
coro di colori, allegoria di primavera
metafora della vita in questo spazio libero
alberi secolari, statue vegetali che indossano
l'abito delle foglie nuove
scheggie di luce argentata
ne attraversano le fronde
mentre si diffonde attorno al fiore
l'aroma del suo profumo
e la coccinella ebbra e confusa
si ferma innanzi al poema della rosa.

## النخلة

في ظل النخلة
يرقص شيء في قلبي
ذكريات لا تنام
فكرة
رغبة وتفكير
بعض الوجوه
ورؤية السعادة
السعادة المثالية.

برقص شيء في قلبي
ليس نبضات ولكنه أمواج البحر
ماء جدول
ونُحام وردي
الصوت المُطمْئِن
ضحكة طفل
ورؤية السعادة
تقترب مني.

**La palma**

All'ombra della palma
qualcosa mi danza nel cuore
ricordi sonnambuli
un'idea
pensieri e desideri
qualche viso
e la visione
di una felicità ideale.

Qualcosa mi danza nel cuore
non battiti ma onde del mare
acqua di ruscello
fenicotteri rosa
una voce amica
il riso di un bimbo
e la visione
della felicità
che si avvicina.

### أحلام إفريقية

حلمت خيالا
خيال شجر
وما تعرفت على المكان
ولا على الشجر.

حلمت ظل غزال
في البرية
يتحرك الظل لا الغزال.

حلمت فيئاً
بين الأحجار
كان لعقرب
لكن العقرب ما كان.

حلمت رجلاً لابساً عمامة
ما كان له ظل
ويشير إليَّ
كان سراب القافلة البعيد.

**Sogni africani**

Ho sognato un'ombra
ombra di albero
non conoscevo il posto
ne l'albero.

Ho sognato l'ombra
di una gazzella nella savana
muoveva l'ombra
non la gazzella.

Ho sognato un'ombra
tra le pietre
era di scorpione
ma scorpione non c'era.

Ho sognato un uomo
senz'ombra
portava un turbante
mi indicava lontano
miraggio di carovana.

الصفير

في متاهات الذاكرة
أسمع صفيراً بعيداً
يقترب مني
يأخذ أبي بيدي
ويقول لي: انظر القطار!
أنا طفل في شهر أيار
وحولنا الأعشاب عالية صفراء
يجري القطار على الحديد
فأُتَابِعُه بنظراتي
بينما أنا مسرور مندهش
أَوَدُّ إيقاف الزمان.

**Il fischio**

Nei labirinti della memoria
sento un fischio lontano
che si avvicina
mio padre
prende la mia mano nella sua
mi dice: "Guarda il treno!"
Sono un bimbo in mezzo a maggio
tutt'attorno erbe alte e gialle
il treno sfreccia sui binari
lo seguo con lo sguardo
e felice di stupore
voglio fermare il tempo.

**المد والجزر**

يعتلج الموج مع الشطئان
أناشيد النورس تتلاشى بالجو
وتذوب في الماء
الموج ينهش الساحل، يبتلع الرمال
ثم تسكت أناشيد النورس في المساء

**La marea**

L'onda batte contro la riva
i canti dei gabbiani si sciolgono nell'acqua,
nell'atmosfera
l'onda morde la spiaggia poi
inghiotte la sabbia
e i canti dei gabbiani tacciono
nella sera.

### السفر

على البحر الزُّمُرُّدِيّ
يترنّح المركب
فيبدو لي كقصيدة
تتراقص في اليم
وفي السماء المنيرة، مثل عرق اللؤلؤ
غيمٌ ورديٌّ يخفي قُرصَ الشمس
التي تُسدل خيوطَها الذهبية
بين قمم أمواج عاجية.
يأخذنا فجأة الأفول المرجاني
كسراب أفقي يضع على المياه
الليل يتقدم بظلال خفيفة
بعضها مغراء اللون وأخرى رمادية.
الليل يتّسعُ
يمتصُّنا
يحيطنا
أكثر وأكثر
مع كل ضربة موج.
يرافقنا نجم الدُّبّ الأكبر في السفر
وترافقنا أصوات الساهدين

**Il viaggio**

Su mar di smeraldo
si culla la nave
sembra poema danzante
tra i flutti
nel cielo lucente come madreperla
il disco del sole nascosto
da nuvola rosa
proietta i suoi fili dorati
tra eburnee creste di onde.
Il tramonto corallo ci coglie
improvviso
orizzontale miraggio
disteso sull'acqua
la notte si annuncia con ombre leggere
un po' sono ocra, altre cineree.
La notte si espande
ci assorbe
circonda
sempre di più
a ogni colpo di onda.
Ci accompagna nel viaggio
l'Orsa Maggiore
e le voci di chi
non riesce a dormire

يبطئُ أخيراً الحاضر إيقاعَه
يغلبنا النوم والحلم يتابعُه.
وإلى الشرق
يرسم الفجر طحارير بعيدة
يستيقظ الصباح
ولا يزال المركب مبحراً.
يسترجع النهار فضاءَه،
السماء
زرقاء خفيفة
والبحر كالزبرجد من جديد.

infine il presente rallenta
il suo ritmo
è il sonno che vince e il sogno
lo segue.
A oriente
l'aurora dipinge dei cirri lontani
si sveglia il mattino e la nave
continua il suo andare
il giorno riprende
di nuovo il suo spazio
il cielo
è un azzurro un po' lieve
il mare, é come topazio.

## الطيران

لمحة الحدأة السمراء
تتهادى بين غيوم بيضاء
وأسفل
تناوش الضباب عند سفح الجبال
وتنزلق بين مسلات خضراء
لا، ليس كذلك
بين قمم شجر الشوح.
وتصعد بجسور
وطيرانها الشجاع
قليل اللعب
قليل الفن
قليل الحياة.
الصقر يفرد أجنحته
بأناقة ملكية
وحاسد له
حتى فيروز السماء.
تنظر الحدأة إليتا من علٍ
كأننا جميعا نمال
وننظر إليه من أسفل
كأنه شعر الغبار
كأنه أغنية هاربة
تنفجر حرة في الجو.

**Il volo**

Il bruno profilo del nibbio
volteggia tra nuvole bianche
più in basso
sfiora la bruma pedemontana
glissa tra guglie verdastre
no!
tra cime d'abete!
spavaldo risale
il suo volo audace
è un po' gioco
un po' arte
un po' vita
dispiega le ali
con reale eleganza
ne è geloso
persino il turchese del cielo
ci osserva dall'alto
per lui
noi siamo formiche
lo osserviamo dal basso
per noi
è poema di polvere
è canzone che evasa
esplode libera in aria.

## الزورق

حول الشرم
تظهر الأنوار خافتة
وأضواءها خفيفة
بينما يُبحر الزورق شراعا
إلى
ذلك الأفق
حيث
ذاب فيه
ألف وألف غروب
ويغرق البحر بعُمْق
في الأزرق.

**La barca**

Nella baia
appaiono caute le luci
mentre
veleggia la barca
verso
quell'orizzonte
dove
si sono dissolti
mille e mille tramonti.
e il mare
sprofonda nel blu.

### عند الاستيقاظ

كل يوم
في استيقاظي
يدهشني سخاء الشجر
في هذه الغابة المدنية
وكذلك اخضرار الورق
على النباتات المستجمة.
يدهشني السماء، فهي لكل الناس
لأن ليس لها أسوار.
وتدهشني خيوط الحشيش
تحركها الريح
والعصافير الصغيرة التي تحجل
بطريقة مضحكة
وتزقزق... تزقزق... تزقزق
حتى يتلاشى صوتها
ويدهشني أن يبقى الربيع قليلا
في أواخر يونيو الحالي

**Al risveglio**

Ogni giorno mi stupisce
al mio risveglio,
la generosità dell'albero
in questo bosco cittadino
e cosi' il verdeggiare della foglia
sulle piante rigogliose.
Mi stupisce
al mio risveglio
il cielo per tutte le genti
perché non ha mura.
Mi stupiscono
i fili d'erba che muovono al vento
gli uccellini che balzellano
in modo goffo
e cinguettano, cinguettano, cinguettano
fino a perdere la voce.
Mi stupisce
che resti un po' di primavera
in questa fine di giugno

وشجر العنب المتسلق على الشرفة
ونحلة تخفق وتختار زهرها
بين السوسن البري
وتدهشني كيف تتزوج الفراشات
وأول خوخة سقطت على الأرض
وظل جوزة تتسع
والشمس ترتفع، ترتفع، ترتفع.

la vite abbarbicata sul balcone
l'ape che freme
e sceglie il suo fiore tra gli iris.
Mi stupisce
come si sposano le farfalle
la prima pesca caduta per terra
e l'ombra del noce che si espande
mentre il sole sale, sale, sale.

### ليل باريسي

لا ينام الليل
في باريس
في الليل.

لا ينام الناس العابرون
وضجيجهم وضحكهم
تحت في الشوارع
ونداءاتهم:
يا محمد! يا فرانسواز!
ولا تنام حارة بلاس دي كليشي.

لا تنام الأصوات الخفيّة
لموسيقى جاز
أسمعها قريبا
أسمعها بعيدا
ربما تصلني
من الطابق من تحت.

**Notturno parigino**

Non dorme la notte
a Parigi
di notte.

Non dorme la gente che passa
le grida, le risa
giù tra le vie
i loro richiami:
"Mohammed! Françoise!".
Non dorme il quartiere
di Place de Clichy.

Non dormono i suoni soffusi
di una musica jazz
li ascolto vicini
li ascolto lontani
mi arrivano forse
dal piano di sotto.

لا تنام القطط على الأسطح
ولا الكواكب في السماء
لا ينام الليل
في باريس
في الليل.

Non dormono i gatti sui tetti
ne in cielo le stelle
non dorme la notte
a Parigi
di notte.

**الظل والضوء**

حين يسمر البحر
وما زال الغروب يعيش
العين يخسره في غموض النور.
انزل يا ليل، انزل
ضمنا بعطرك القاتم اللون!
اسود يا ليل، أكثر!
لراحة العين الراضية
ودقة القلب
لنبدأ الحلم من جديد
الحلم الجديد.
وحين ينتهي الليل
أن يكون ليلا
والعين تستيقظ.
افتح يا نهار
افتح نوافذك!
لنرى أمواجاً تنكسر
بألف شظية على الصخر
وتنزلق إلى الوراء
لتعود مياهاً
مرة أخرى.

**L'ombra e la luce**

Appena il mare si fa scuro
e il tramonto ancora vive
l'occhio si perde
nell'ambiguità di luce.

Scendi notte, scendi
avvolgici nel tuo aroma cupo!
Rabbuiati notte, di più!
Per il riposo dell'occhio pago
e il palpitare del cuore
per ricominciare a sognare
di nuovo a sognare.

e appena finisce la notte
di essere notte
e l'occhio veglia..
Apriti giorno
spalanca le tue finestre!
Per vedere le onde infrangersi
in mille frammenti contro lo scoglio
scivolare all'indietro
rinnovarsi come acqua
un'altra volta.

وحال تنتهي الشمس
أن تشع وترسم بنورها
الكل.
جئ يا مسائي جئ
وأعِدْ الظل
حيثما كان من قبل.

e appena finisce il sole
di irradiare
di tingere della sua luce
il tutto
vieni mia sera
vieni
e riporta l'ombra
dove prima era.

### رحلة داخلية

أحسني كأنني أوليس
في تيهي
في ذهابي.
أحسني كأنني سفوقليس
أو ممثل في مسرحية طويلة
خلالها الزمن يرافقني ثم يحترق.
أحسني كأنني سمك
يلعب ويندلع بجريان الماء
أحسني ريحاً، فكرة، حلماً
ولعلني ملاكٍ.
أنا متعطّش
للكلمات
لتقاسيم القانون.
تصيبني البداوة
كادت أن تكون مرضاً.
أنا صياد إسفنج
في جزيرة جربة
أنا بائع عنبر
في تمبوكتو.

**Viaggio interiore**

Mi sento come fossi Ulisse
nella mia erranza,
nel mio itinerare.
Mi sento come fossi Sofocle
o un attore in una lunga pièce
dove mi accompagna
e si consuma il tempo.
Mi sento come fossi pesce
che gioca e guizza tra le correnti
mi sento vento, idea, sogno
forse un angelo.
Sono assetato
di parole
delle note del *qânùn*.
Il nomadismo mi ha colpito
quasi fosse malattia.
Sono
pescatore di spugne
nell'isola di Djerba
venditore d'ambra
a Timbuctu.

كالآس أخاف البرد
وأعيش
على انحدارات قاحلة.
أنا لوحة ماتيس
كرة العالم
يد مفتوحة
صنوبر حلبي.
أنا أوليس ولست أوليس.
أنا أزرق
كالصفير
أحمر
ككوكب المريخ
أخضر
كغابة بتول
أبيض
كالنسيان.
وأغني، أغني، أغني
أغني ولا أزال أغني
وأضحك، أبكي، أضحك
أبكي وأضحك معا
باحثا عن جزيرتي
ونفسي وروحي.

Come il mirto temo il freddo
e vivo
sugli aridi pendii.
Sono
un quadro di Matisse
un mappamondo
una mano aperta
un pino d'Aleppo.
Sono Ulisse o non sono.
Sono blu
come zaffiro
rosso
come Marte
verde
come una foresta
di betulle
bianco
come l'oblio
e canto, canto, canto
canto e canto ancora
e rido, piango, rido
rido e piango assieme
cercando la mia isola
la mia anima, il mio spirito.

**أوقات الهجر**

حان الوقت أن أترك
هذا الخان لأمثالي
وأتبع مصيري من جديد.
سأرحل إلى فرنسا!
بعد قطاف العنب القادم
بين غابات طريئة وتلال بديعة
إلى المدينة الهادئة
حيث من حين لآخر
في الصيف تهب ريح إفريقية.
حان الوقت أن أهاجر
إلى طفلين
بين أحقوان عملاقي
وبنادور صغيرة.
سأحمل معي مجرد كتبي
وأرابيسك
في نظرات أصدقائي.

2001

**Tempi migratori**

Viene il tempo di lasciare
questo caravanserraglio
ai miei simili
e seguire di nuovo
il mio destino.
Partirò verso la Francia!
dopo la prossima vendemmia
tra freschi boschi e stupende colline
verso la quieta cittadina
dove a volte d'estate
soffia un vento d'Africa.
Viene il momento di migrare
verso due bimbi
tra margherite giganti
e piccoli pomodori.
Porterò con me solo i miei libri
e gli arabeschi
negli sguardi degli amici.

2001

### رغبة الغناء

تشرين الأول في هذه السنة
إنه شهر غريب،
حار ومتعب،
سواء بالضباب، بالمطر
بالشمس، بالسحب.
من حسن الحظ،
أشعر بالحب
وأنا أدوس أوراقا جافّة
من حسن الحظ،
داخلي
ابتسامة عريضة
لحسن الحظ،
ما زالت في نفسي
رغبة الغناء دائما.

**Il desiderio di cantare**

Ottobre quest'anno
è strano
caldo, stanco
sia con la nebbia, con la pioggia
con il sole, con le nubi.
Per fortuna
sento amore
calpestando foglie secche
per fortuna
porto dentro
un intenso sorriso
per fortuna
mai non smette in me
il desiderio di cantare.

## الأوراق

الأوراق تترك الغصون وتطير
بين الشوارع الباردة
وتتعرج أحيانا
تدفعها الريح
ولها الإحساس
أنها ما أصبحت
أوراقا ميتة بعد...

**Le foglie**

Lasciano i rami
e corrono le foglie
tra freddi viali
zigzagando a volte
le sospinge il vento
e la senzazione
di non essere ancora
foglie morte.

## ميلانو

افتقدت هذه المدينة
التي عشتُ فيها
السينما أنا فيه ... لوحدي
أو مع أصدقائي
ساحة الكنيسة الكبرى
والممر المقنطر الملكي.
افتقدت هذه المدينة
التي عشتُ فيها
والسير تحت الممرات الخارجية
بين وجوه غريبة، لغات أغرب
والزيارة للمكتبة
والجلوسَ بداخلها
حيث في المرة الأخيرة
قابلتُ كتابا لرجل إنكليزي
مسافر في باتاغونيا.
افتقدت هذه المدينة
التي عشتُ فيها

**Milano**

Mi manca questa città
la città dove ho vissuto..
il cinema da solo
o con gli amici
la piazza della cattedrale
la galleria reale.
Mi manca questa città
la città dove ho vissuto..
passeggiare sotto i portici
tra idiomi e volti stranieri
la libreria
dove ti puoi sedere
dove l'ultima volta
ho incontrato il racconto
di un inglese in Patagonia.
Mi manca questa città
la città dove ho vissuto…

والقصر المُنار
خلال أعياد الشتاء
والثلج يطقطق تحت أقدامي
وأنا راجع من دراسة التمثيل المسرحي.
نعم!
افتقدت هذه المدينة
افتقدت حقًا.

il castello illuminato
per le feste d'inverno
la neve che cricchia sotto i passi
tornando dal corso di teatro.
Si!
Mi manca questa città
mi manca davvero!

**الصيف**

إنه هو أول مزمور الجداجد
أسمعه يغني في هذه السنة
وقد غنى في السابعة مساءا
كأنه يقول لي: ألا تنتبه
أن الصيف خالي الإيقاع ؟

**Estate**

È la prima cicala
che ascolto quest'anno
ha cantato
alle sette di sera
come per dire :
Non ti sei accorto?
Mancava ritmo all'estate!

### ليلة ساحرة

الليلة مُظلمة
وأملك الفلك
في متناول الأيدي.
أفكاري تطير بخفة
إلى اللا شيء، حرة
باحثة عن ما وراء الليل
عن فضاء جديد
كواكب جديدة
نسائم جديدة.
يلمع ألف ضوء في الظلام
كواكب، ربما لآلئ
أو جواهر..
وكل ضوء أغنية لي
ودرب لي
وزهرة لي.
الليلة تشرب حليب القمر
وأرى قمرين

**Notte buia, notte magica**

Notte buia
ed ho il firmamento
a portata di mano.
Volano leggeri i miei pensieri
verso il nulla, liberi
cercando oltre la notte
nuovi spazi, nuovi pianeti
nuove brezze.
Nell'oscurità scintillano
mille luci
sono astri, forse lucciole
o gioielli
ogni luce é per me una canzone
un fiore, un cammino.
La notte beve latte di luna
e vedo due lune, due vite

فرصتين فإذا حياتين..
إحداهما
انعكاس الأخرى.
ليلة ساحرة
وأملك خفة التفكير
والفلك
في متناول الأيدي

due possibilità
dove l'una
é lo specchio dell'altra.
Notte magica
possiedo la leggerezza
dei pensieri
ed ho il firmamento
a portata di mano.

**حوار مع مؤلف ليس معروفا بعد**

أين تسكن؟
أسكن الشعر
حيث أكتب فيه وأتشرد
باحثًا عن ما يُقالُهُ أبدا
وأسكن الليل
بالقمر أو بلا قمر
حيث تستريح روحي
من عادات النهار.
وماذا تحب؟
أحب حبوب المحبة
تنمو بين زهور الحقول
وأحب أن أشمّ ورق النعناع
و أقرص خدّ التفاح.
وأين تذهب؟
أذهب إلى مستقبل الورد
والنرجس
تاركا ورائي أمس الياسمين
والعليق

**Dialogo** (con un autore non ancora conosciuto)

Dove vivi ?
Vivo nella poesia
dove scrivo e vagabondo
cercando il non detto.
E vivo la notte
con o senza luna
dove il mio spirito riposa
dalle consuetudini del giorno.
Cosa ami ?
Amo i semi dell'amore
che crescono tra fiori di campo
amo odorare foglie di menta
e il primo morso dato alla mela.
Dove vai ?
vado verso il futuro
di rose e narcisi
lasciandomi dietro il passato
di gelsomini e rovi.

## الغجرية

غجرية أندلسية
قرأت خطوط اليد
وقالت لي: إنك ولدت
بين ضباب كثيف
لكن حياتك على الدرب إلى الشمس.
ولدت كشجر السهل
وتنمو كالدغل.
تسافر بين الأقوام والثقافات
في وردة الأرياح
بين بحور الخيالي
وأصداء العالم.
وتستكشف يوما
جزيرة جديدة
جزيرة شجر المانغو والجوز
جزيرة القصائد والنخل
حيث الحياة تكتبها ببيت الحرية.

**La gitana**

Andalusa la gitana
che ha letto le linee
della mano, dicendo:
Sei nato tra spesse nebbie
però la tua vita s'incammina
sulla strada del sole.
Sei nato
come un albero in pianura
crescerai come una giungla
viaggerai tra popoli e culture
nella rosa dei venti
tra i mari dell'immaginario
e gli echi del mondo.
Un giorno scoprirai
un'isola nuova
isola di manghi, poemi e palme
dove la vita si vive, si scrive
in verso libero.

### قصر الرغبات

كالرجل الصبي
أستسلم لحصار النجوم
أتنهد، بين الحاضر و الماضي
وجفوني تستسلم للنعاس...
أنا صاحب قصر
في اسبانيا
فالقصر ما أكبره! ما أكبره!
وتبرز قمم بروجه
من عالم أحلامي.
وحصانٌ أبيض يكفيني
بسرجه الأخضر
ورغبة ملحة يكفيني
أستلُّها من جفني كسيف مهند
كي أعبر بوابة القصر
كأني فارس باسل.
أ فرسان بعدُ في وقتنا ؟
أ هناك فرسان في وقتنا ؟
لا أملك رسائل الكرامة
لكن تفكيري
من غابات أشجار وكلام
حيث الريح مجرد نفس
والزمان ما تريد منه.

**Il castello dei desideri**

Come un uomo bambino
cedo all'assedio delle stelle,
sospiro, tra il presente e il passato
e i miei occhi si abbandonano al sonno…
possiedo un castello
in *Hispania*
un grande castello, cosi grande
che le cime delle torri
escono dal bordo dei sogni.
Mi basterebbe un destriero bianco
con finimenti verdi
e un desiderio da sguainare
come una spada
affinché io attraversi
il portale del mio castello
come un prode cavaliere.
Esistono ancora i cavalieri?
Non posseggo lettere
di nobiltà
ma i miei pensieri
sono boschi d'alberi e parole
dove il vento é solo un soffio
e il tempo é ciò che vuoi.

## الربيع

في ليل الربيع الأول هذا
أفتح النوافذ
وتفكيري،
أبحث عن صفحة بيضاء
لأروي رحلتي حول العالم.
بالقلم والشِعر
أسرق نارَ الغروب
خلف بزنطية
هلالاً فوق شيراز
جدجد من كل صيف
الأجنحة لفراشة
مدارية.
بالقلم والشعر
أتتبع طيران أبي منجل
ذي الريش الأحمر
يحلق فوق الأحراج
لا تُخْتَرَق
أشارك بالحركة البطيئة
من جبل جليد في القطب الجنوبي
الذي ينزلق بين البحور
ويذوب رويدًا رويدًا
ويبتعد.

**Primavera**

In questa prima notte
di primavera
apro le finestre
apro i miei pensieri
cerco una pagina bianca
per raccontare
il mio viaggio attorno al mondo.
Col calamo e la poesia
rubo il fuoco di un tramonto
dietro Bisanzio
una mezzaluna
sopra Shiraz
una cicala da ogni estate
le ali
a una farfalla tropicale.
Col calamo e la poesia
seguo voli di ibis
dalle piume rosse
che sorvolano foreste
impenetrabili
partecipo al lento moto
di ghiacci australi
che scivolano tra i mari
e vanno a sciogliersi lontano.

بالقلم والشعر
أسافر رجوعًا إلى الوراء
في التاريخ، أتخيّل
صورة نيفيرتيتي الجانبية
والنيل
حيث تَخُوضُه الزوارق
يملؤها الناس بحفاوة
أخفي في قاع البحر
جرارًا يونانية رومية ثمينة
خالية من الذهب والفضة
لكنها ثرية بالحب والأحلام
وأترك الطحالب
ترقص حولها.

Col calamo e la poesia
viaggio all'indietro nella storia
immagino
il profilo di Nefertiti
e il Nilo
dove sfilano barche
colme di gente in festa.
Nascondo sul fondo del mare
pregiate giare greco romane
vuote d'oro e d'argenti
ma ricche di sogni e d'amore
lasciando che le alghe
vi danzino attorno.

**أفقد نفسي**
**الابتسامة**
**مناظر من الصين**
**ليلة**
**البستاني**
**النخلة**
**النخلة**
**الصفير**
**المد والجزر**
**السفر**
**الطيران**
**الزورق**
**عند الاستيقاظ**
**ليل باريسي**
**الظل والضوء**
**رحلة داخلية**
**أوقات الهجر**
**رغبة الغناء**
**الأوراق**
**ميلانو**
**الصيف**
**ليلة ساحرة**
**حوار مع مؤلف ليس معروفا بعد**
**الغجرية**
**قصر الرغبات**
**الربيع**

Mi perdo
Il sorriso
Paesaggi di Cina
Notte
Il giardiniere
La palma
Sogni africani
Il fischio
La marea
Il viaggio
Il volo
La barca
Al risveglio
Notturno parigino
L'ombra e la luce
Viaggio interiore
Il desiderio di cantare
Le foglie
Milano
Estate
Notte magica
**Dialogo** (con un autore non ancora conosciuto)
La gitana
Il castello dei desideri
Primavera